Caminhos da ALFABETIZAÇÃO

VEJA QUE MOVIMENTOS DIVERTIDOS ESTES DOIS AVIÕES FAZEM! VAMOS ACOMPANHÁ-LOS, SEGUINDO OS TRAÇADOS? DEPOIS, PINTE DE VERDE O AVIÃO QUE ESTÁ ACIMA E DE ROXO O AVIÃO QUE ESTÁ ABAIXO.

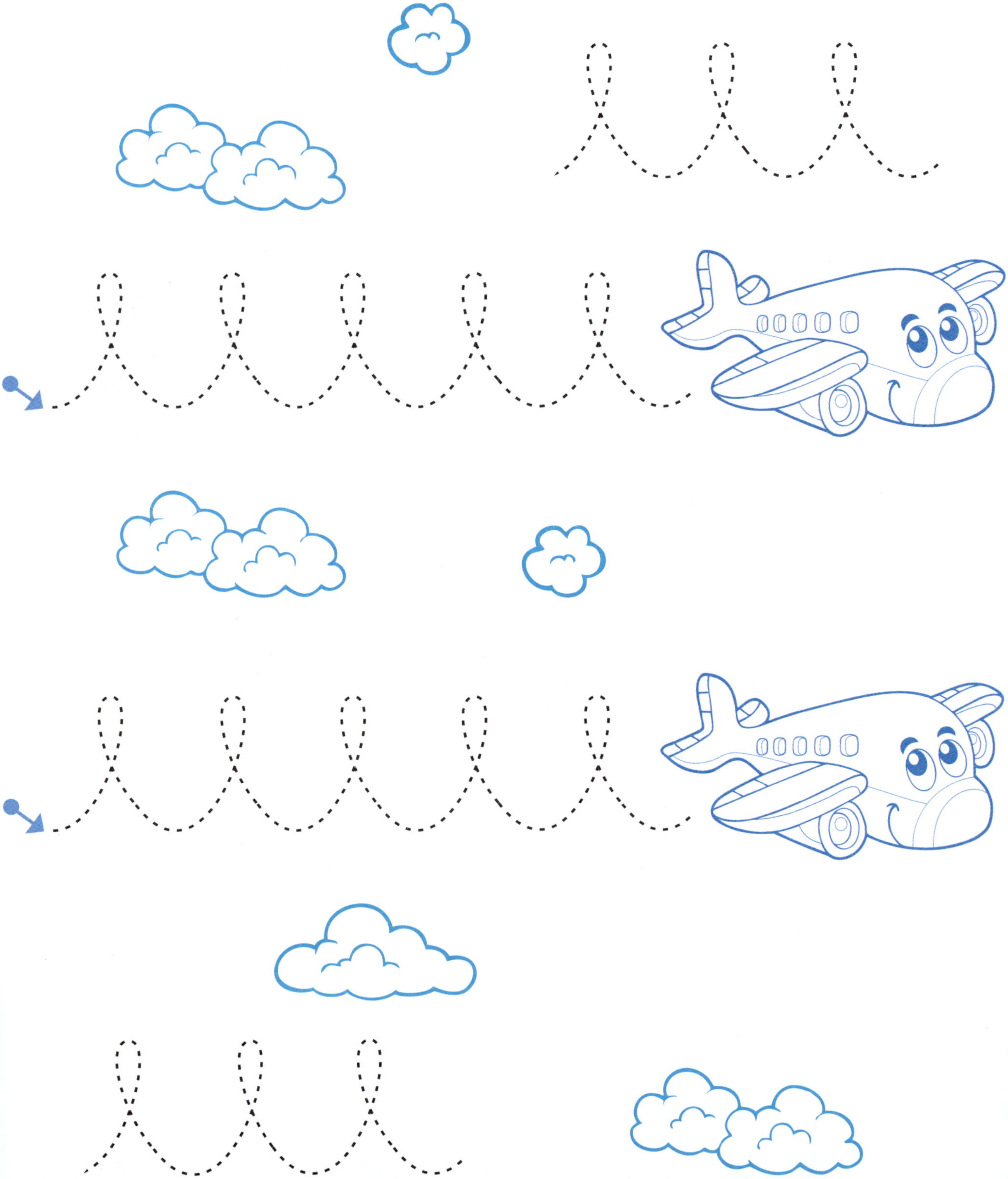

OS MACAQUINHOS ESTÃO BRINCANDO DE ESCONDE-ESCONDE! PINTE DE AMARELO OS QUE ESTÃO NA FRENTE DAS ÁRVORES E CIRCULE OS QUE ESTÃO ATRÁS. DEPOIS, COMPLETE O DESENHO LIGANDO OS TRACEJADOS!

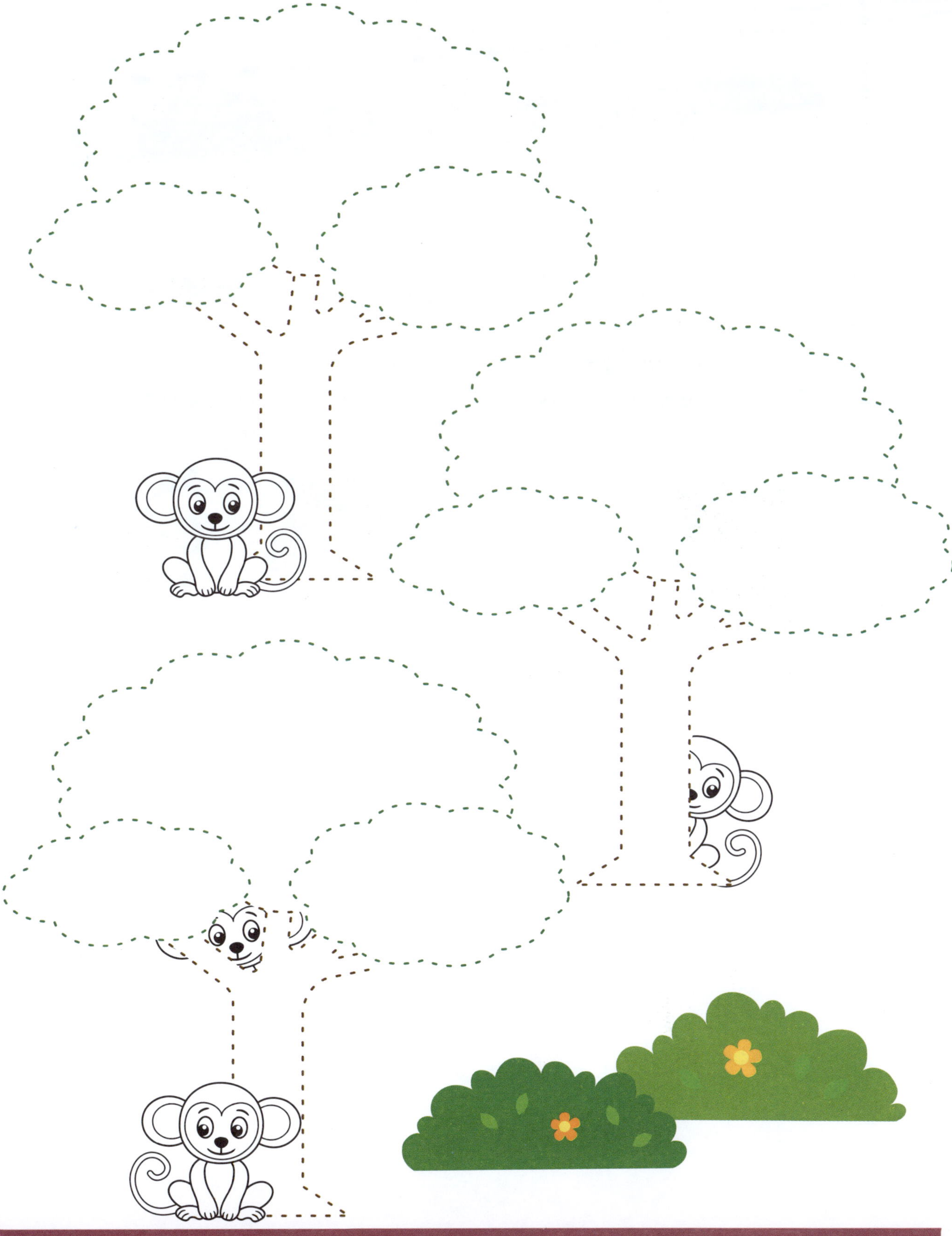

CORES SECUNDÁRIAS

VOCÊ SABIA QUE, MISTURANDO **2 CORES PRIMÁRIAS**, TEMOS **1 COR SECUNDÁRIA**?

ESTA MOCHILA É **VERDE**! DO QUE MAIS VOCÊ SE LEMBRA QUE TEM ESSA COR?

OBSERVE OUTRAS FIGURAS QUE TAMBÉM TÊM A COR **VERDE**:

VAMOS COMPLETAR A FIGURA DO LIMÃO? DEPOIS, CIRCULE O MAIOR E PINTE OS TRÊS COM A COR **VERDE**.

CONTE QUANTOS AMIGUINHOS DO MAR HÁ EM CADA CONJUNTO E PREENCHA TODOS OS QUADRADINHOS, REPRODUZINDO O NUMERAL.

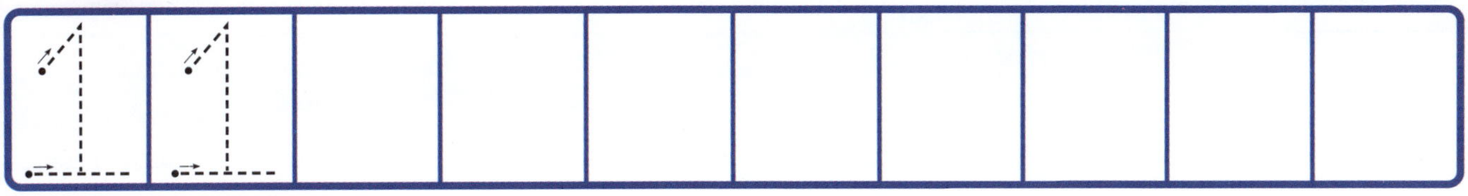

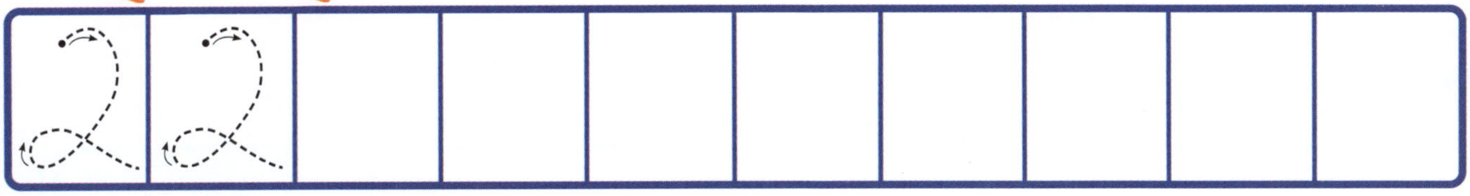

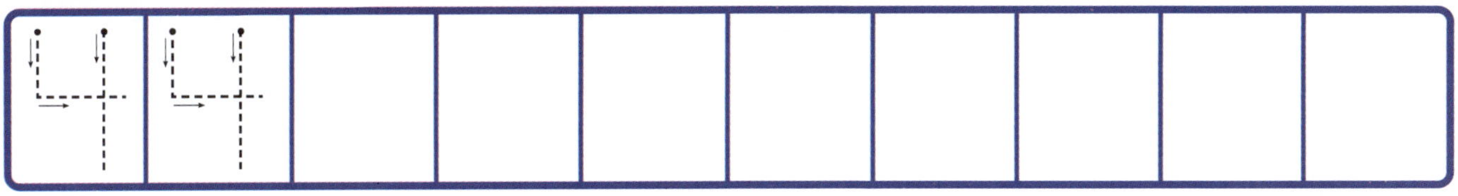

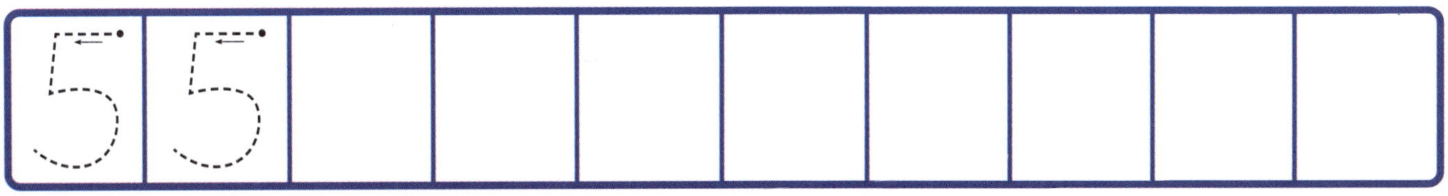

VAMOS COMPLETAR A VOGAL "A" MAIÚSCULA E MINÚSCULA COM A LETRA CURSIVA.

PARA FORMAR O NOME DE CADA DESENHO ESTÁ FALTANDO A LETRA "A". COMPLETE CADA LETRA TRACEJADA E DESCUBRA QUAIS SÃO AS PALAVRAS.

Maçã

Casa

Jacaré

Macaco

Panela

Sapo

ESTE É O **LOSANGO**. OBSERVE QUANTAS COISAS AO SEU REDOR PODEM TER ESTA FORMA.

PIPA

PINGENTE

ESCOLHA A SUA COR PREFERIDA PARA COMPLETAR AS FIGURAS DO **LOSANGO**.

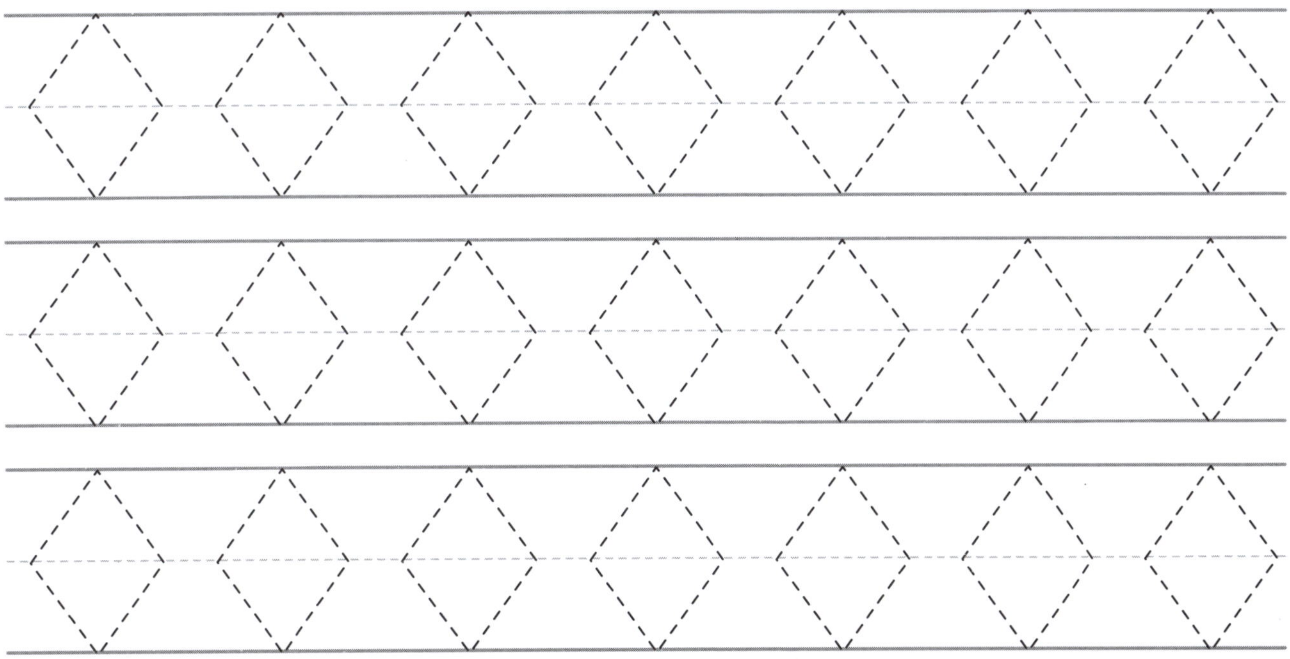

VAMOS FAZER UMA EXPERIÊNCIA E MISTURAR DUAS CORES PARA APARECER A COR **ROXA**.

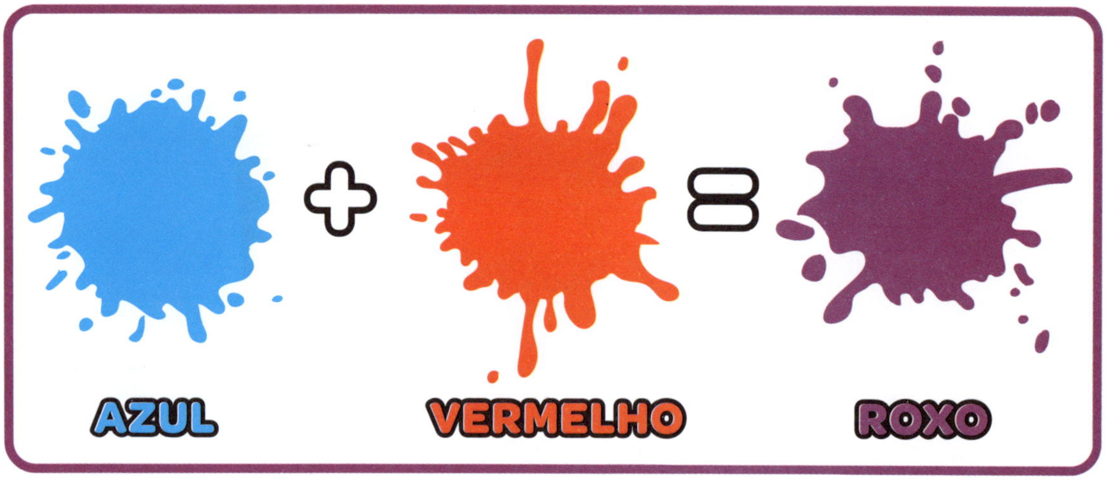

ESTA BERINJELA É **ROXA**!

OS OBJETOS ABAIXO TAMBÉM TÊM A COR **ROXA**:

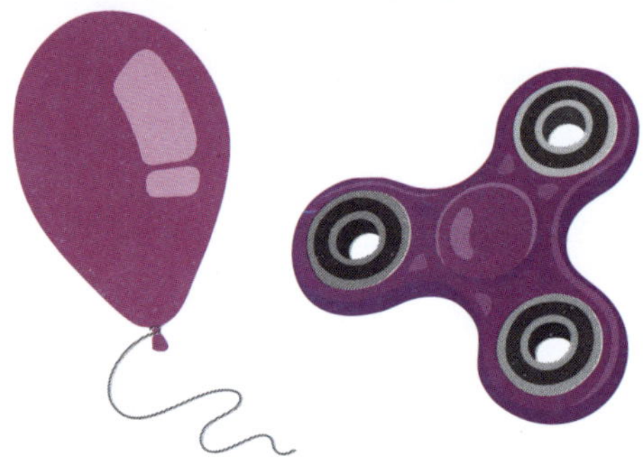

COMPLETE O DESENHO DOS CACHOS DE UVA. DEPOIS, CIRCULE O MENOR DELES.

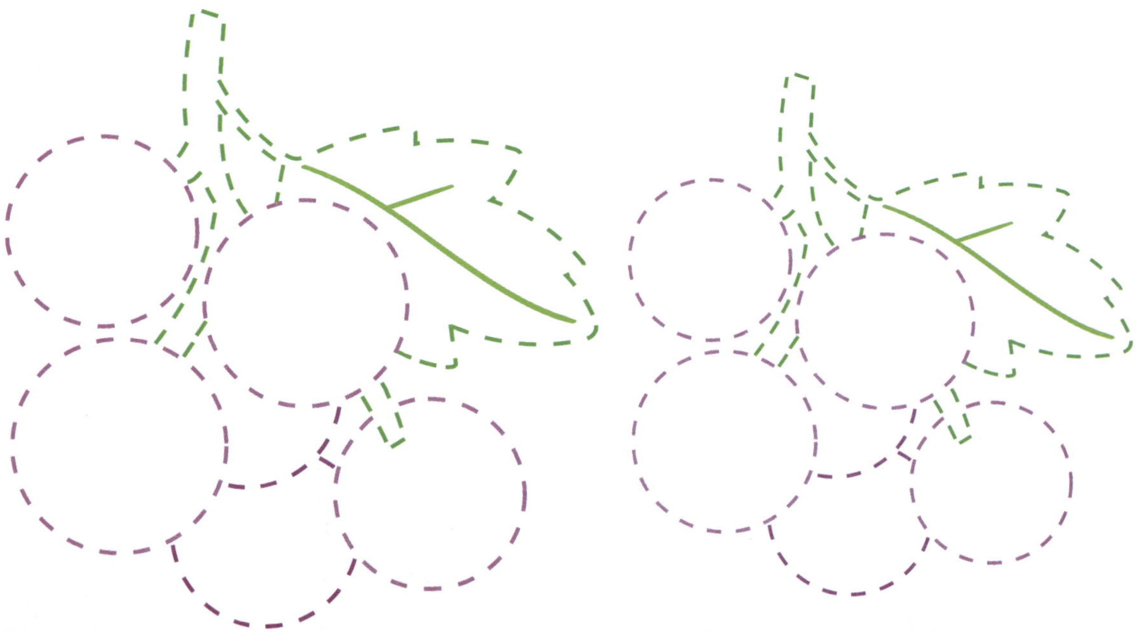

CONTE QUANTOS PASSARINHOS EXISTEM EM CADA CONJUNTO E REPRODUZA OS NUMERAIS ATÉ PREENCHER TODOS OS QUADRADINHOS.

6	6								

7	7								

8	8								

9	9								

10	10								

LIGUE OS TRACINHOS PARA COMPLETAR A ESCRITA DA VOGAL "E" MAIÚSCULA E MINÚSCULA COM A LETRA CURSIVA.

E E E E E E E E

e e e e e e e e

PARA COMPLETAR O NOME DE CADA DESENHO, COMPLETE AS LETRAS TRACEJADAS "E" E DESCUBRA QUAL É A PALAVRA.

Pera

Menino

Bebê

Nave

Boné

Vela

ESTE É O **HEXÁGONO**. O QUE VOCÊ CONHECE COM ESSA FORMA? SE PRECISAR, PEÇA AJUDA PARA DESCOBRIR.

PLACA

FAVO DE MEL

VAMOS COMPLETAR AS FIGURAS DO **HEXÁGONO**?

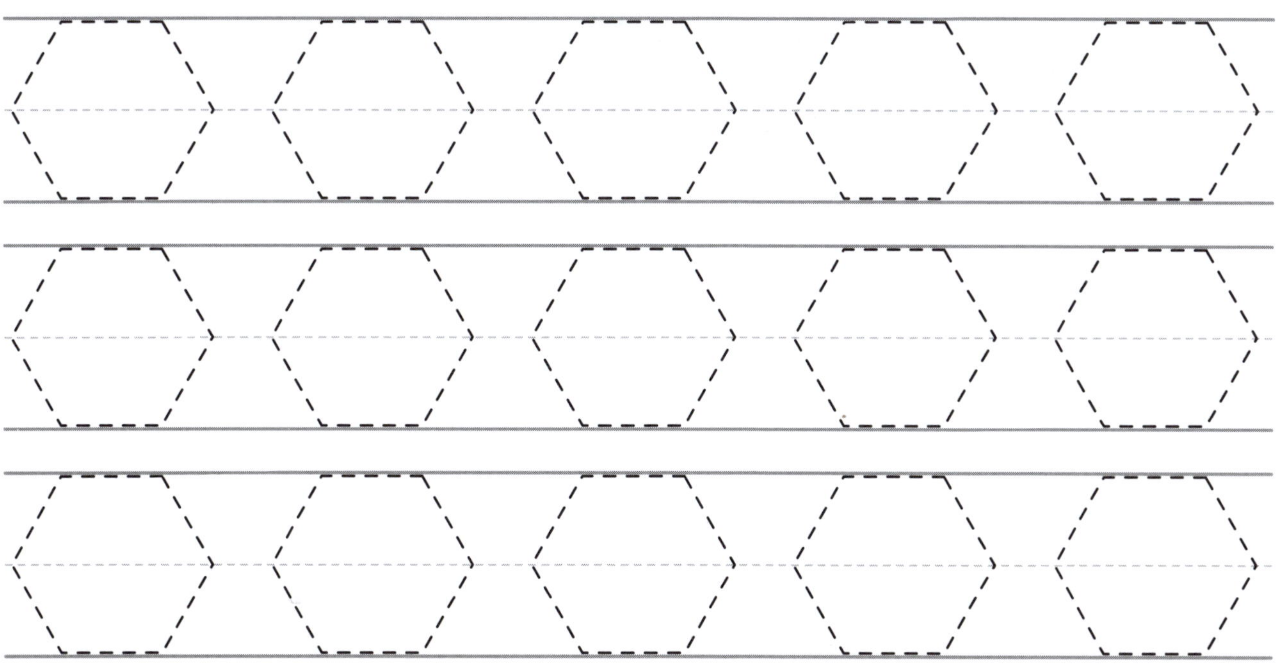

CORES SECUNDÁRIAS

VAMOS PARA A EXPERIÊNCIA COM AS CORES? MISTURE A COR AMARELA COM A COR VERMELHA PARA OBTER A COR **LARANJA**.

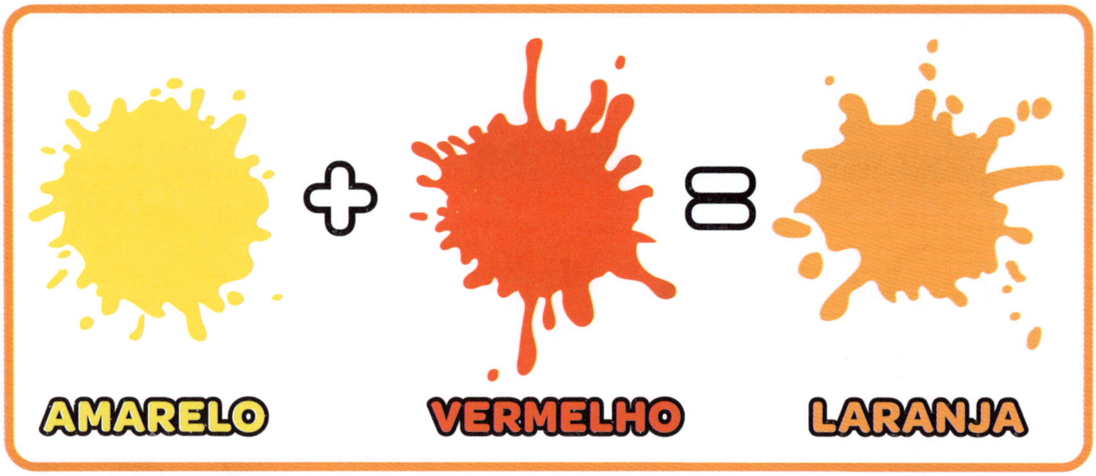

ESTE PEIXE É **LARANJA**! O QUE MAIS PODE TER ESSA COR?

OBSERVE OUTRAS FIGURAS QUE TAMBÉM TÊM A COR **LARANJA**:

TOMAR SUCO DE LARANJA FAZ MUITO BEM À NOSSA SAÚDE! VAMOS COMPLETAR O DESENHO ABAIXO? DEPOIS, PINTE APENAS A LARANJA MAIOR.

PINTE OS CONJUNTOS DE LÁPIS COM AS CORES QUE PREFERIR. DEPOIS, ESCREVA EM CADA LINHA A QUANTIDADE QUE CONTÉM CADA GRUPO E COMPLETE OS NÚMEROS TRACEJADOS.

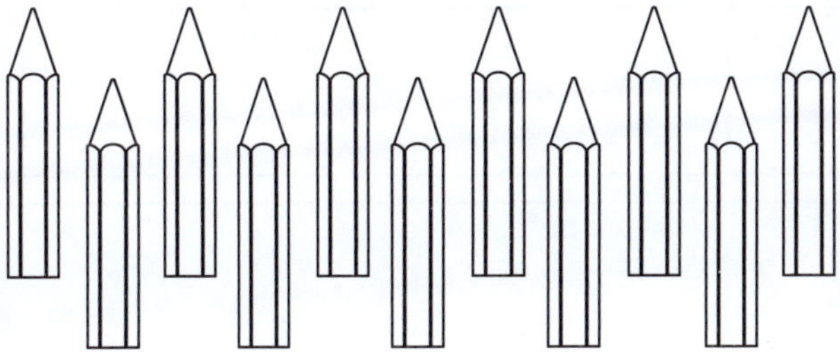

____________ 11

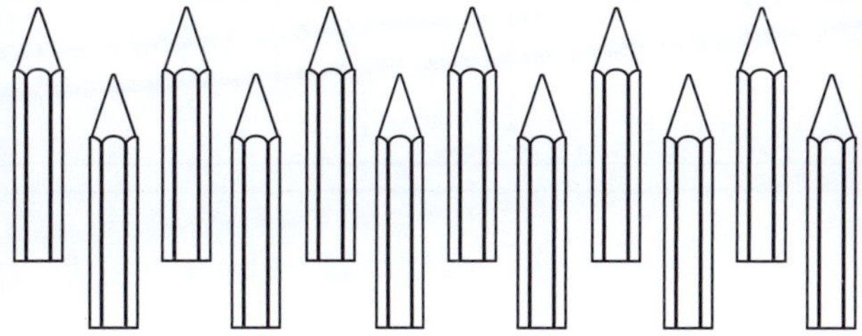

____________ 12

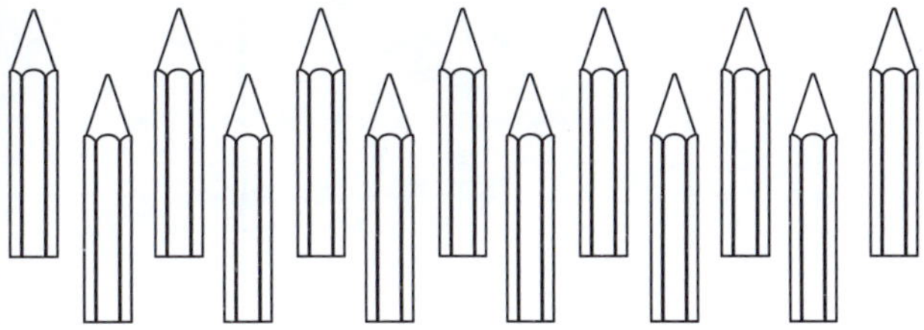

____________ 13

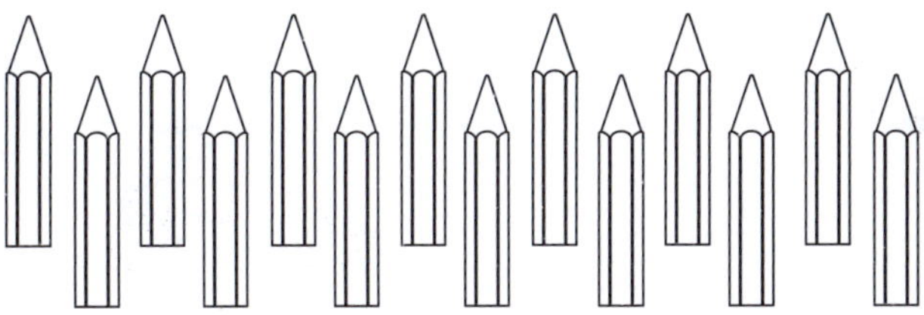

____________ 14

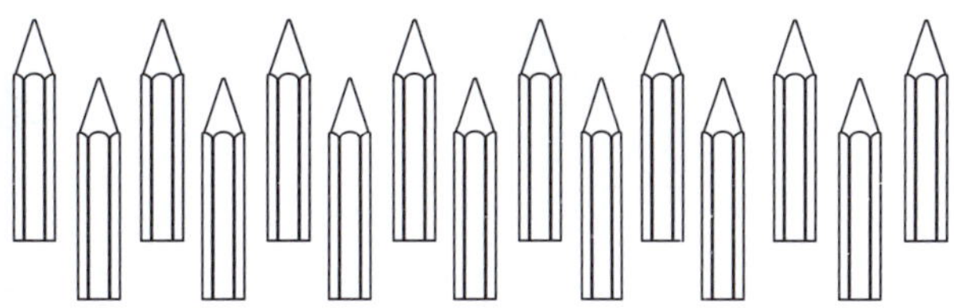

____________ 15

LIGUE OS TRACINHOS PARA COMPLETAR CADA VOGAL "I" MAIÚSCULA E MINÚSCULA COM A LETRA CURSIVA.

I I I I I I I I

i i i i i i i i

COMPLETE AS PALAVRAS COM A VOGAL "I" PARA APRENDER A ESCREVER O NOME DE CADA FIGURA.

Pião

Pirulito

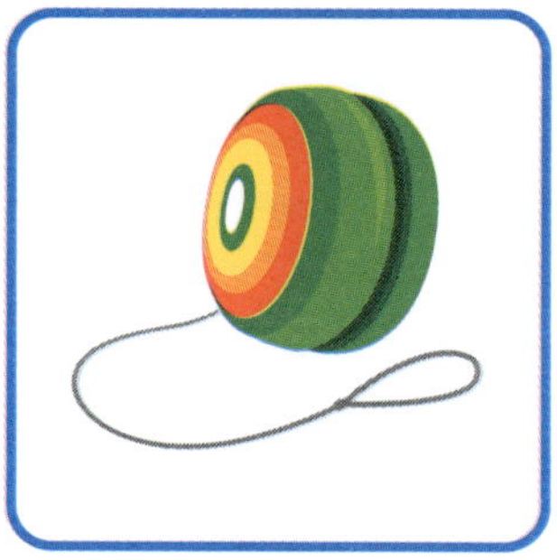

Ioiô

Pipa

Xícara

Navio

ESTA É A FORMA OVAL. EM QUANTOS OBJETOS COM ESTA FORMA VOCÊ CONSEGUE PENSAR?

VEJA O QUE MAIS PODE TER A FORMA OVAL!

BALÕES

PÃO

VAMOS FAZER O CONTORNO DE CADA FIGURA OVAL COM UMA COR DIFERENTE?

VAMOS LIGAR CADA FRUTA À SUA COR CORRESPONDENTE?

PINTE OS CONJUNTOS. DEPOIS, CONTE E ESCREVA EM CADA LINHA A QUANTIDADE QUE CONTÉM CADA UM DELES.

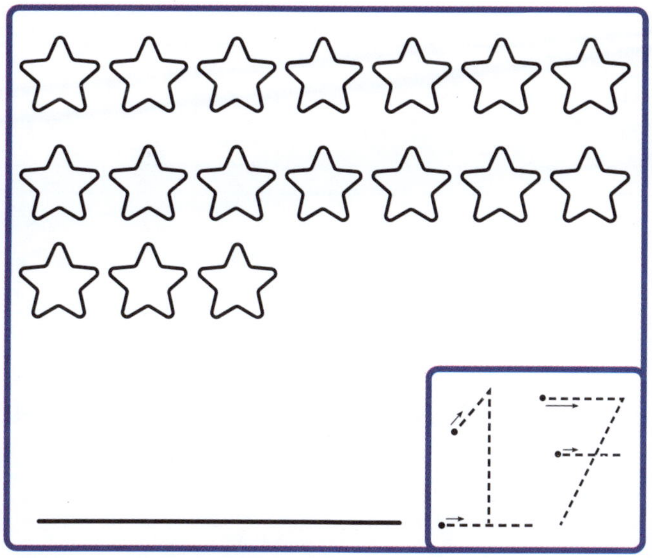

LIGUE OS TRACINHOS PARA COMPLETAR E PRATICAR A VOGAL "O" MAIÚSCULA E MINÚSCULA COM A LETRA CURSIVA.

ESCREVA A VOGAL "O" EM CADA ESPAÇO PONTILHADO PARA COMPLETAR O NOME DE CADA FIGURA.

Pato

Bola

Relógio

Coco

Robô

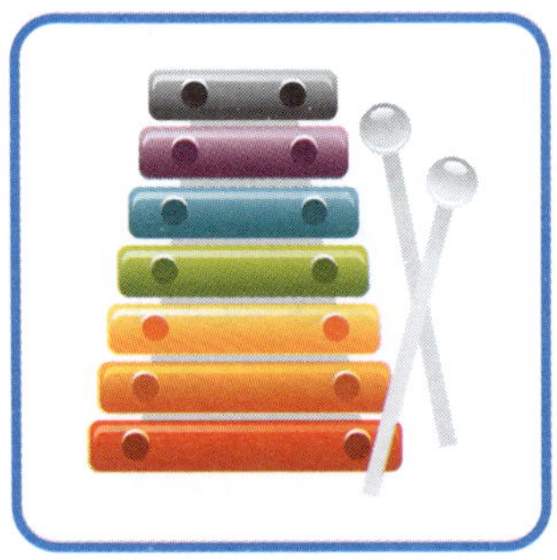

Xilofone

AS FORMAS GEOMÉTRICAS ESTÃO EM TODO LUGAR!
VAMOS LIGAR OS OBJETOS ÀS FORMAS CORRESPONDENTES?

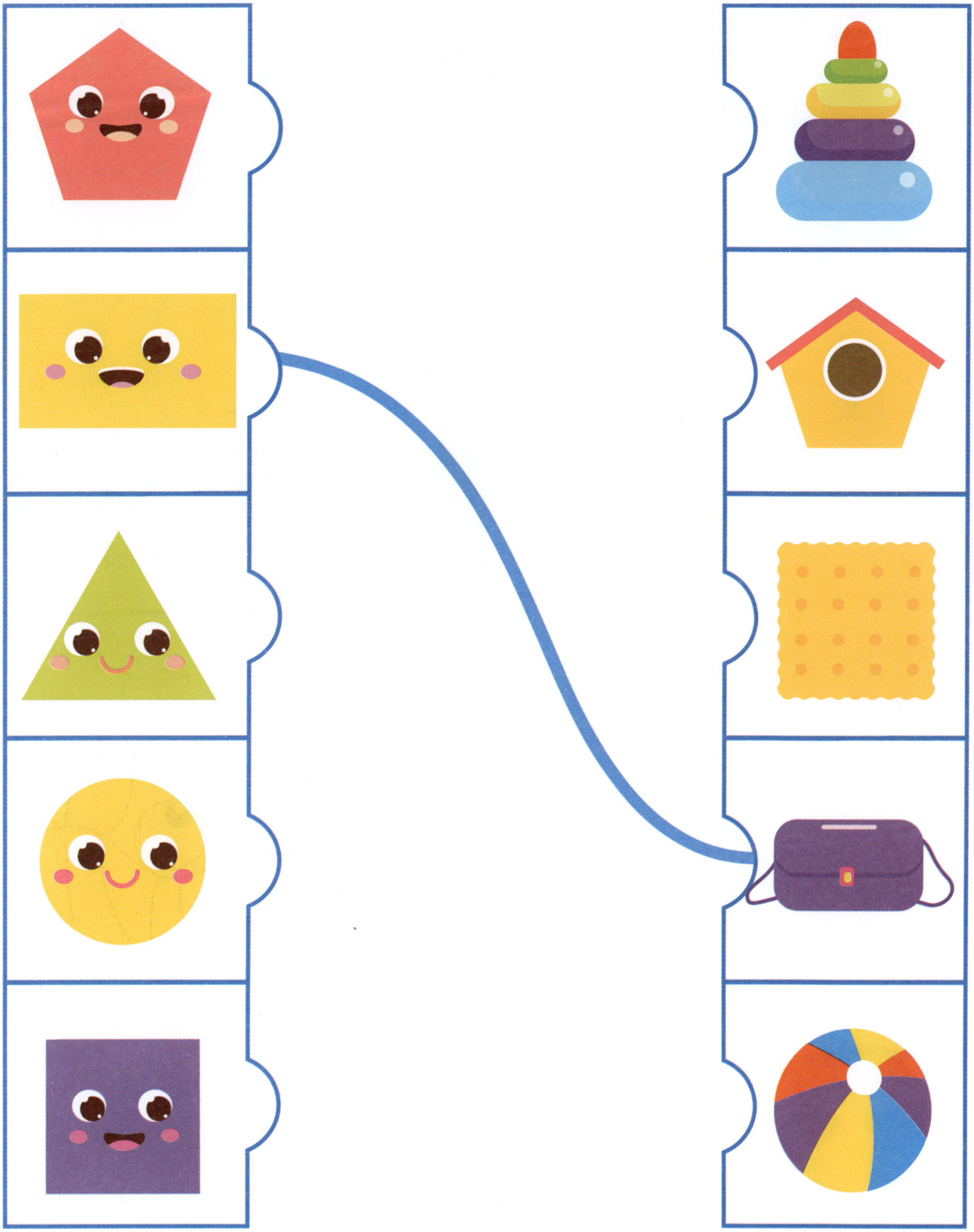

FAÇA A ADIÇÃO DAS CORES INDICADAS. DEPOIS, PINTE OS BALÕES COM AS CORES RESULTANTES DAS MISTURAS QUE VOCÊ FEZ.

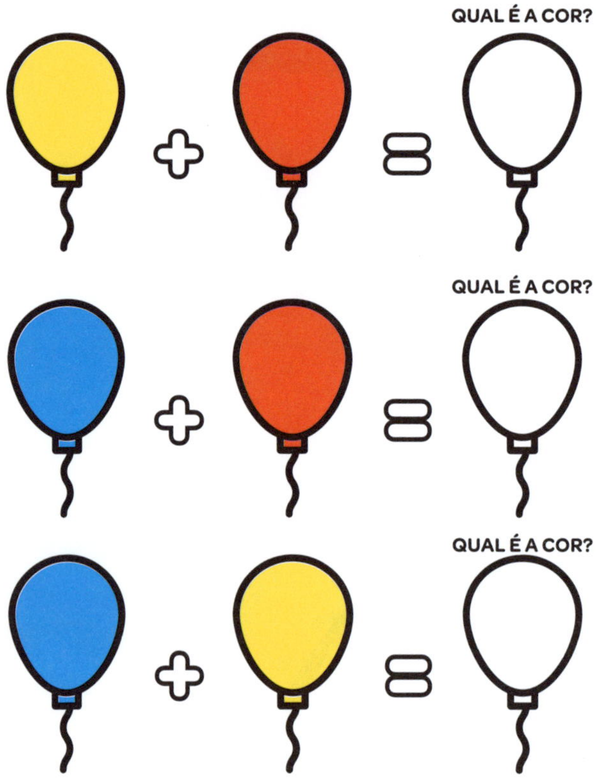

ESTE SIMPÁTICO CARANGUEJO ESPERA PELAS SUAS CORES! SIGA A LEGENDA PARA PINTÁ-LO!

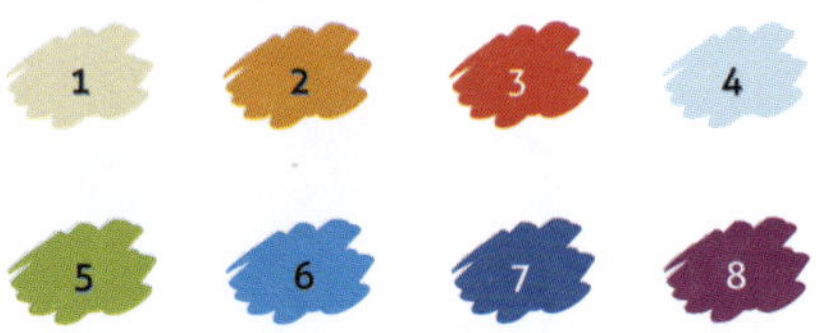

CONTE OS MONSTRINHOS DE CADA CONJUNTO E ESCREVA O NUMERAL DENTRO DE CADA CÍRCULO.

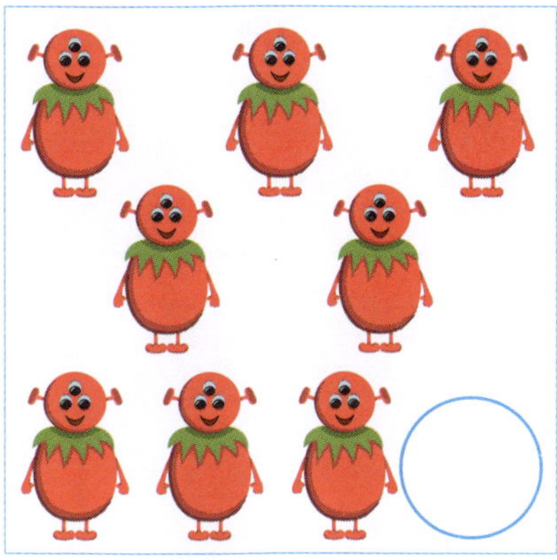

LIGUE OS TRACINHOS COM LÁPIS PARA PRATICAR A ESCRITA DA VOGAL "U" MAIÚSCULA E MINÚSCULA COM A LETRA CURSIVA.

ESCREVA A VOGAL "U" EM CADA ESPAÇO PONTILHADO PARA COMPLETAR O NOME DE CADA FIGURA.

Caram_jo

C_bo

_va

Cor_ja

B_le

B_zina

CAPRICHE NA PINTURA DESTE ROBÔ, CONFORME ESTÁ NO MODELO.

APRENDENDO AS QUANTIDADES

MOSTRE QUE VOCÊ APRENDEU OS NUMERAIS DIREITINHO! É HORA DE NUMERAR OS BALÕES DE 1 A 20, EM ORDEM!